T0068281

Los Hombres que Dios llamó

Los Hombres que Dios llamó

-Nicodemo -Salomón -Samuel
-Sansón -Josué -Zacarías

———— 7 DE 7 ————

MARY ESCAMILLA

Número de Control de la Biblioteca del Congreso de EE. UU.:   2020917861
ISBN: Tapa Dura   978-1-5065-3431-2
           Tapa Blanda   978-1-5065-3430-5
           Libro Electrónico   978-1-5065-3429-9

Información de la imprenta disponible en la última página.

Fecha de revisión: 22/10/2020

Para realizar pedidos de este libro, contacte con:
Palibrio
1663 Liberty Drive
Suite 200
Bloomington, IN 47403
Gratis desde EE. UU. al 877.407.5847
Gratis desde México al 01.800.288.2243
Gratis desde España al 900.866.949
Desde otro país al +1.812.671.9757
Fax: 01.812.355.1576
ventas@palibrio.com
820100

ÍNDICE

Nicodemo

Juan 3:1-21

PRÓLOGO

¡Qué extraordinario!, qué privilegio tuvieron y siguen teniendo los hombres llamados por Dios, ya que en verdad es de excelencia servirle a Él y ser usados del mismo modo, con un propósito que Él tiene para la vida de cada uno de los llamados grandes hombres, grandes apóstoles, ministros, pastores, profetas, maestros evangelistas, adoradores, servidores…

Ellos son los verdaderos discípulos de Jesucristo, esos hombres llamados que le sirvieron y le sirven de una manera particular e íntegra porque son sacerdotes escogidos por Dios para predicar su Palabra y la Sana Doctrina del Real Evangelio de Jesucristo, el Hijo de Dios. Es único, una verdadera honra servirle a Él.

Es un privilegio el llamado de Nuestro Señor Jesucristo, fue algo maravilloso ser llamado por Dios para ser el Salvador del Mundo. Ahora tú eres llamado por Él, así como:

El rey David fue llamado a vencer a Goliat.
Abram fue llamado para bendecir a otros discípulos.
Jacob fue llamado a poseer la tierra y tener muchos hijos.
Daniel fue llamado a ser un profeta de Dios.
Enoc fue llamado a ser justo y caminar con Dios.

Isaac fue llamado a ser la promesa de Dios y la alegría de sus padres.

Moisés fue llamado a ser el mensajero de Dios y oír su voz.

José fue llamado a ser el soñador y gobernar a Egipto.

Josué fue llamado a llevar al pueblo de Dios, pasar por el desierto y entrar en la Tierra Prometida.

Pablo, el último de los apóstoles, fue llamado a predicar el Evangelio de Jesucristo ante multitudes para convertirlos.

Pedro fue llamado a ser amigo de Jesús y pescador de hombres.

Job fue llamado a ser varón perfecto, temeroso de Dios, y aceptó la voluntad de Él.

Mateo fue llamado a ser evangelista de Jesús.

Lucas escribió el evangelio que lleva su nombre en el nuevo testamento.

Habacuc fue llamado a ser el profeta de la fe y la esperanza de salvación.

Andrés fue llamado a seguir a Jesús.

Felipe fue llamado directamente por Dios a ser su discípulo.

Santiago fue llamado a ser hermano de Jesús y escribir el libro del Nuevo Testamento.

Juan, el más joven discípulo y muy amado por Jesús, presenció milagros realizados por Él.

Salomón fue llamado a ser rey y a pedir al Altísimo Padre Celestial, sabiduría y ciencia para gobernar a su pueblo.

Sansón fue llamado a cumplir el propósito de Dios, que fue salvar a Israel de los filisteos.

Ezequiel fue llamado a ser profeta y guía moral, que enseñó y guio espiritualmente al pueblo de Israel.

Isaías fue llamado a ser asesor de reyes y basado en la Escritura los ministró. Asimismo, fue un gran y excelente orador.

Zacarías fue llamado a escribir El Antiguo Testamento, asi como el libro del mismo nombre, Zacarías.

Jeremías fue llamado al arrepentimiento del pueblo de Judá, al cual persuadió que se volvieran a Dios.

Joel fue llamado a profetizar respecto a la plaga de langostas que vendrían al pueblo si no se arrepentían.

Jonatán fue llamado a ser valiente y amigo del rey David, y fue vencedor de Gabaa.

Jonás fue llamado por Dios a ir y llamar al arrepentimiento a una ciudad pagana y, aunque huía del Señor, nunca quiso escapar de Él. Sin embargo, al final fue obediente.

Juan "El Baustista" fue llamado a bautizar a Jesús de Nazaret.

¡Qué privilegio!, asimismo tú atiende a tu llamado y escucha la voz de Dios.

EL LLAMADO DE NICODEMO

Era un hombre principal entre los fariseos, miembro del sanedrín, que era el cuerpo gobernante de los judíos, los cuales condenaban a Jesús. Por lo tanto, se oponía completamente a las enseñanzas de Jesús, junto con quienes dirigían a los fariseos.

Pero a pesar de toda esa oposición hacia Jesús, Nicodemo se había convencido que Jesús había venido del cielo y, al escuchar y ver las maravillas que hacía, va en busca de Él.

"Había un hombre de los fariseos que se llamaba Nicodemo, un principal entre los judíos.

Éste vino a Jesús de noche, y le dijo: Rabí, sabemos que has venido de Dios como maestro; porque nadie puede hacer estas señales que tú haces, si no está Dios con él." San Juan 3:1, 2.

Jesús lo confrontó hablándole en un lenguaje espiritual que él desconocía y Nicodemo creyó a las palabras de vida eterna, y fue transformado en otro hombre naciendo de nuevo.

Al final vemos a Nicodemo ayudando a la sepultura de Jesús, testificando públicamente que era un seguidor del Maestro de maestros.

"También Nicodemo, el que antes había visitado a Jesús de noche, vino trayendo un compuesto de mirra y de aloes, como cien libras." San Juan 19:39.

I-SU LLAMADO EMPEZÓ EN LO SECRETO, SIN QUE NADIE LO SUPIERA.

Habiendo oído y visto lo que Jesús estaba haciendo por las ciudades, Nicodemo se convenció que no podía haber alguien que hiciera todas esas maravillas y señales si no venía del cielo.

Y a pesar de la oposición que existía de parte de los judíos y fariseos, Nicodemo decidió visitar a Jesús, pero lo hizo de noche para que nadie lo viera.

Nicodemo vivía en la ignorancia total a pesar que conocía la ley, pero su corazón estaba lejos de Dios, tenía una ceguera espiritual a pesar del liderazgo que ejercía.

¿Cuántas personas hoy en día se encuentran ciegas espiritualmente?

¿Eres tú una de ellas?

Dios quiere abrirte los ojos de tu entendimiento para que conozcas las cosas del espíritu, y que se vaya toda ceguera en la cual has estado viviendo.

Este hombre, antes de ser llamado por Dios, necesitaba nacer de nuevo.

"Respondió Jesús y le dijo: De cierto, de cierto te digo, que el que no naciere de nuevo, no puede ver el reino de Dios." San Juan 3:3.

¿Un nuevo nacimiento?, Nicodemo no entendía, pero Jesús tiene la paciencia de explicarle porque a eso vino a la tierra, a darnos salvación a través de su sacrificio en la Cruz del Calvario.

¡Con Cristo todo es posible!

Nicodemo sentía que algo lo llamaba y era más fuerte que sus conocimientos. Y lo vemos venciendo el temor y el qué dirán, aunque no del todo, pero dio el primer paso.

¿Cuántas personas hoy en día saben que Jesús es el Hijo de Dios, que tiene el poder de hacer milagros, pero no le buscan?

¿Por qué no quieren dejar sus conocimientos humanos y religiosos?

¿Por el qué dirán?

¿Por la idolatría?

¿Por sus propios conceptos?

Rompe en el nombre de Jesús toda forma de vida que no te haga feliz, sigue al Hijo de Dios y tu vida cambiará.

¿Qué es lo que andas buscando?

La paz de tu alma.

La sanidad de tu corazón herido.

Un amor verdadero.

La prosperidad que no añade tristeza.

La obediencia de tus hijos.

La sanidad de tu cuerpo enfermo.

Un esposo o esposa que te ame y acompañe hasta el final de tus días.

Que Dios bendiga y prospere tu negocio.

Dios quiere concederte los deseos de tu corazón, pero lo primero es tomar la decisión de buscarlo y arrepentirte de todos los pecados que has cometido y decirle que entre a tu corazón y sea el dueño total de tu vida.

Nicodemo buscó a Jesús, como quiere que también tú lo hagas; dice su Palabra que lo busques mientras está cercano, es necesario que pienses en tu familia y lo busques en tu recámara, en tu lugar de trabajo, en lo más íntimo de tu corazón.

Recuerda: Él caminará contigo siempre y te guardará de todo mal si tan sólo lo buscas.

Nicodemo tenía muchas dudas en la plática que tuvo con Jesús, cuando Él le dijo que tenía que nacer de nuevo.

¿Cómo puede un hombre nacer siendo viejo?... ¿Puede acaso entrar por según vez en el vientre de su madre y nacer?

La mente de Nicodemo estaba llena de mucha información, conocía toda la ley, pero no había bajado a su corazón y la mente de él pensaba en lo natural, por eso no entendió lo que Jesucristo le dijo; que debería de nacer de nuevo.

Y vuelve a preguntar: ¿Cómo puede hacerse esto?

Y Jesús le dijo:

¿Eres tú maestro de Israel y no sabes esto?

Pero Jesús El Hijo de Dios, sabiendo la necesidad que este hombre llevaba, le presentó el plan de salvación y le explicó de qué manera Dios había amado a la humanidad, que entregó lo que más amaba, su Unigénito Hijo.

¡Qué regalo tan maravilloso!

Jesús le habla a Nicodemo de la importancia de creer y recibirlo, porque de esa forma no sería condenado.

¿Cuántas veces has menospreciado este regalo?

Pensar que cuando tú rechazas este sacrificio, estás expuesto a ser condenado.

"El que en él cree, no es condenado; pero el que no cree, ya ha sido condenado, porque no ha creído en el nombre del unigénito Hijo de Dios." San Juan 3:18.

Seguramente tú no quieres ser condenado por eso, ven a la luz de Jesucristo. No tardes en venir porque queda muy poco tiempo para que Él regrese y, si no estás preparado, irás a una condenación eterna.

¡Qué terrible será!

Nicodemo empezó su llamado buscando en secreto a Jesús, pero luego de haber nacido de nuevo no se apartó de Él.

II-SU LLAMADO TERMINÓ TESTIFICANDO PÚBLICAMENTE.

La inteligencia no es suficiente para entender el mensaje divino, muchos dicen que Jesús fue gran Maestro, un gran filósofo y algunos dicen que fue un gran revolucionario, pero no lo reconocen como el Hijo de Dios, el Salvador del mundo.

El conocimiento humano pone ignorancia y ceguera ante las cosas que vienen del cielo.

Una pregunta: ¿Para ti, quién es Jesús?

Nicodemo no podía entender cómo él podría nacer de nuevo siendo viejo, cómo podía entrar de nuevo al vientre de su madre. Eso mismo está pasando con la humanidad, que no quiere reconocer a Jesús como el Hijo de Dios.

Nicodemo empezó su llamado visitando a Jesús de noche, en esa intimidad conoció las cosas del espíritu.

¿Deseas tú conocer y tener un encuentro a solas con Jesús?

Búscalo en la intimidad de tu casa, lee la Biblia y, aunque al principio no la entiendas, reconócele como el Hijo de Dios. Arrepiéntete de todos tus pecados y Él alumbrará tu caminar.

¿Cuantas personas hoy en día, no quieren que los demás se enteren que ellos son cristianos, por la presión y el qué dirán de las amistades y la del mundo en que vivimos.

Nicodemo dejó de tener miedo y de hablar la verdad de su Palabra doquiera que él iba, después de aquella noche tan gloriosa cuando tuvo ese encuentro con Jesús, luego ya no fue el mismo.

¡Su vida fue transformada totalmente!

¿Deseas tú ser transformado en todas las áreas?

¿O ya tuviste un encuentro a solas con Dios y tienes miedo de contárselo a los demás?

No sigas caminando con la frente baja, levanta tu rostro y testifica a otros cuán grandes cosas Dios ha hecho en tu vida; empieza en tu propio hogar, testifica en tu lugar de trabajo, en tu vecindario y donde quiera que vayas.

No sigas escondido, sal a la luz y confiesa que Jesucristo es tu Salvador.

Si estás viviendo un momento donde Satanás quiere tenerte limitado por el temor y el qué dirán, sé ahora libre por el poderoso nombre del Hijo de Dios.

Nicodemo tuvo que nacer de nuevo en el espíritu, porque el hombre caído no puede recibir la vida plena de Dios.

¡Con Dios lo lograrás, pero sin Él será imposible!

¿Aún no has nacido de nuevo?

Este nacimiento del espíritu tiene que ver con la regeneración total en todas las áreas.

¿Tienes problemas en tu mente?

¿Tienes problemas sicológicos?

¿Tienes problemas financieros?

¿Tienes problemas espirituales?

¿Tienes problemas emocionales?

Arrepiéntete, búscalo y todo cambiará.

Cuando naces del espíritu, puedes recibir respuesta a todos tus problemas, Nicodemo quedó asombrado escuchando las palabras de Jesús y le preguntó cómo podía nacer de nuevo, pues él estaba luchando con sus propios pensamientos y conocimientos que le impedían ese nuevo nacimiento.

¡Pero venció y lo logró!

¿Cuántas veces tus ideas te han impedido aceptar la única verdad?

Jesucristo dijo: "Yo soy la verdad."

Deja de seguir buscando la verdad en los libros, en las personas, en los lugares de distracción.

El plan de salvación le fue dado a este hombre que Dios llamó, porque Jesús vino a salvar lo que se había perdido, y le dijo:

"Porque de tal manera amó Dios al mundo, que ha dado a su Hijo unigénito, para que todo aquel que en él cree, no se pierda, mas tenga vida eterna." San Juan 3:16.

¡Qué manera más incomparable de amar Dios a la humanidad!

¿Deseas obtener la salvación de tu alma y tener vida eterna con Él para siempre?

Recuerda que Dios envió a su Hijo al mundo no para condenarlo, sino para salvarlo, pero el que no cree en Él ya ha sido condenado al no creer en el Unigénito Hijo de Dios.

La vida de Nicodemo fue transformada después de haber hecho esa visita de noche a Jesús; venció el temor, se llenó de su amor, gracia y compasión, ya que se produjo en él ese grandioso y nuevo nacimiento, y estuvo con Jesús hasta el final. Después de ser crucificado, tuvo el privilegio de llevarle especias aromáticas a su cuerpo.

¿Deseas tú nacer del espíritu este día?

Si lo has anhelado, éste es el día que se opere ese gran milagro; nacer del espíritu. Dios quiere darte esperanza en medio de las grandes luchas que has tenido en tu vida.

No dejes de hacerlo, éste es el día de salvación para ti, luego verás cumplida la promesa que está escrita; que toda tu familia será salva.

Solamente haz esta oración y di:

En este día reconozco que soy pecador, que me he apoyado en mis propios conocimientos, pero he llevado una vida miserable, me rindo completamente a ti, límpiame de todo pecado y escribe mi nombre en el Libro de la Vida, te reconozco como mi único y suficiente Salvador de mi alma, te lo pido en el nombre de Jesucristo. Amén, amén y amén.

Señor,

Libra

Mi

Alma

De

Los

Malos.

Todos
Los Juicios
De Dios
Son Justos y
Verdaderos.

Jehová es
Mi Redentor,
Mi Pastor y
Mi Salvador.

Mary Escamilla
Dra. ♥

Lo que
Dios
Bendice,
Nadie lo
Puede
Maldecir.

Mary Escamilla
Dra. ♥

La Paz

De Dios

Guarda tu

Corazón

Y le da

Reposo

A tu Alma.

Mary Escamilla
Dra.

La Vid

Dios
Está en
Contra
De la
Mentira
Y de la
Hipocresía.

Mary Escamilla
Dra. 💗

La Vid

La fe es,

Cuando

Vienen

Las pruebas

Y tienes que

Estar firme,

Parado en

La Roca.

Mary Escamilla
Dra. ♥

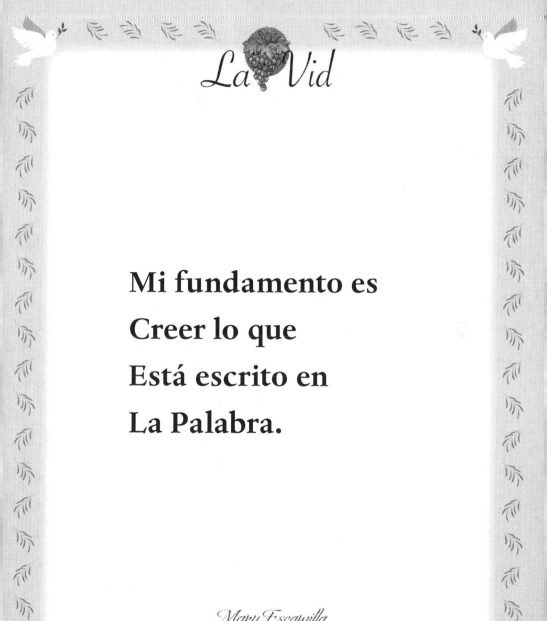

**Mi fundamento es
Creer lo que
Está escrito en
La Palabra.**

Mary Escamilla
Dra. ♥

Dios da paz,
Tranquilidad,
Perdón y Amor.

La Vid

No temo de
Mis enemigos,
Porque Dios
Está conmigo.

Mary Escamilla
Dra. 🖤

La Vid

Toda enfermedad

No tiene legalidad

Para vivir en mi

Cuerpo, porque

Jesús se las llevó

En la Cruz del Calvario.

Mary Escamilla
Dra. ♥

La Vid

¡Cuidado!
El Malo se
Disfraza de
Ángel de Luz.

Mary Escamilla
Dra. 🖤

La Vid

El verdadero
Apóstol de Dios,
Pelea la buena
Batalla con gozo.

Mary Escamilla
Dra. ♥

Yo me mantengo
En mi convicción
De mi fe en Dios.

Dra.

Que tu fe sea
Basada en
La Palabra.

Mary Escamilla
Dra. ❤

Salomón

1a. Reyes 3:7-12

EL LLAMADO DE SALOMON

Recibió el llamado de Dios, siendo aún muy joven, sus padres fueron David y Betsabe.

Fue el sucesor de su padre, desde pequeño demostró que tenía gran inteligencia.

Reino cuarenta años en Israel; fue uno de los reyes que se caracterizó por ser, de los más valientes.

Dios lo llama apareciéndole en sueños y le expreso lo siguiente:

"Y se le apareció Jehová a Salomon en Gabaón una noche en sueños, y le dijo Dios: Pide lo que quieras que yo te dé." 1ª. Reyes 3:5

Y Salomón respondió:

Con inteligencia, pidió sabiduría, ciencia y dijo:

"Da pues, a tu siervo corazón entendido para juzgar a tu pueblo, y para discernir entre lo bueno y lo malo; porque ¿Quién podrá gobernar este tu pueblo tan grande?" 1ª. Reyes3:9

Con esta respuesta Salomón agrado a Dios, ya que no pidió nada para él, ni cosas materiales, ya que lo amaba.

"Más Salomón amo a Jehová, andando en los estatutos de su padre." 1ª. Reyes 3:3

Lo lleno de mucha sabiduría y su fama se extendió por todo el mundo.

Que entendimiento obtuvo Salomón, de parte de Él:

-Dos mujeres llevan a un niño ante él y con sabiduría determino quien era la verdadera madre.

-Del mismo modo dirigió la construcción de un templo maravilloso para Dios.

-Hizo la construcción del templo con los más finos materiales, e hizo la dedicación del mismo, etc.

Fue un hombre riquísimo, lleno de fama y opulencia, también nadie en la historia, fue tan rico como Salomón, compuso tres mil proverbios, escribió el libro de Eclesiastés y Cantares.

La sabiduría que Dios le dio no era terrenal, sino la que viene de lo alto, y por eso juzgo con mucha rectitud; muchas personas llegaban para que él, les resolviera los problemas; él siempre les demostraba amor y compasión a todos.

A pesar de que al final se alejó de Dios, ya que tomo muchas esposas y concubinas las cuales lo desviaron, a la adoración de dioses paganos, pero cuando era un anciano, reconoció que el temer a Dios y apartarse del mal, era lo mejor para el hombre.

Es importante lo que expreso:

"El fin del todo el discurso oído es este: Teme a Dios, y guarda sus mandamientos; porque esto es el todo del hombre.

Porque Dios traerá toda obra a juicio, juntamente con toda cosa encubierta, sea buena o sea mala." Eclesiastés 12:13,14.

Puedes aprender mucho, de cómo atender a tu llamado y no desviarte del camino.

Humíllate y pide perdón a Dios, si tú no lo has hecho.

Del mismo modo el:

I-SUPO PEDIRLE A DIOS, LO MAS IMPORTANTE

Que le diera un corazón entendido, para gobernar, quería agradar a Dios en el llamado.

¿Qué es lo que tú le pides a Dios, cuando oras?

Muchas veces decimos:

-Resuélveme mis problemas

-Cambia a mi esposo

-Dame más trabajo

-Necesito un carro

-Dame una casa

-Quiero ropa nueva, zapatos, etc.

Otros solo van a quejarse cuando oran:

-Porque permitiste que me pasara esto.

- ¿Dónde está tu amor?

-Tu no me quieres.

-Ya no puedo mas

-Hasta cuando oirás mi oración.

-Ya estoy cansado de esperar, y no me respondes, etc., etc.

Pero sabes que: La oración no es un departamento de quejas, es el momento más importante en nuestra vida diaria, Él es el dueño absoluto de todo, tenemos que acercarnos con respeto y adoración, con agradecimiento y alabanza a Él.

Y decirle gracias Amado Padre, por lo que estoy pasando, y si a ti te place, si está dentro de tus propósitos para mi vida que se haga siempre tu voluntad y no la mía.

Por eso muchas veces ese es el motivo, de que nuestras oraciones no sean contestadas, llegamos a su presencia con altivez, y orgullo y eso estorba nuestras oraciones.

A Él le gusta un corazón contrito y humillado.

Mira, Salomón no pidió cosas personales, ¿quieres tu aprender a pedirle a Dios; tal como a Él, le gustaria oír tu oración.?

Entrégale tu vida completa a Él, dile que te perdone todos tus pecados, y de esa forma experimentaras a un Dios lleno de amor que no te rechaza ni te acusa por nada, cuando te arrepientes de corazón, Él te perdona, te abraza, te levanta, te sana y te salva.

Asi como Salomón amaba a Dios, y no le importo pedir las riquezas de esta tierra, ni pensó en beneficiarse personalmente; sino pensó primero en como agradar a Dios y al pueblo al cual él iba a gobernar; asi debemos de hacerlo nosotros.

Él estaba dispuesto a servirle a Dios y pensó en el bien de los demás, antes que el de el mismo.

Y Dios lo premio dándole todo lo que el necesitaba y aún más él vivió en una opulencia, dice la Escritura que su silla era de oro puro, etc.

"Y le dijo Dios: Porque has demandado esto, y no pediste para ti muchos días, ni pediste para ti riquezas, ni pediste la vida de tus enemigos, sino que demandaste para ti inteligencia para oír juicio.

Y aun también te ha dado las cosas que no pediste, riquezas y gloria de tal manera que entre los reyes ninguno haya como tú en todos tus días." 1ª. Reyes 3:11, 13

Y luego le recalco que, si el fuere fiel en sus caminos, y guardaba los estatutos y mandamientos como su padre, el rey David había andado, le iba a alargar más años de vida.

¡Extraordinario!

¿No es esto maravilloso?

Tu:

Quieres que tus días se alarguen sobre la tierra, agrada y obedece a sus mandamientos.

Por lo tanto:

Pídele a Dios las cosas que no se pueden comprar con dinero y veras que después todo lo que tu necesites; Él te lo dará, de acuerdo a sus riquezas en gloria.

Asi es que a pedir:

Sabiduría

Inteligencia

Un corazón recto

Prudencia

Entendimiento

Sensatez

Ser justo

Cordura

Conocimiento

Ciencia

Pureza en tus pensamientos

Diligencia

Instrucción

Y todo lo que viene del cielo; te hará vivir en armonía en amor y en paz, porque esto es lo que Él te quiere dar.

Y recuerda no te olvides de su ley; medita de día y de noche y serás prosperado.

II-EMPEZAR BIEN NO GARANTIZA, TERMINAR BIEN.

¿Cómo?

Si, muchas personas empiezan bien en la vida cristiana, pero luego; no siguen fieles a lo que Dios ha establecido, no atienden a su llamado asi como lo hizo Salomón, que tuvo muchas dificultades porque desobedeció en un área de su vida, en una instrucción que le había sido dada.

Ya que el rey Salomón empezó a amar a otras mujeres teniendo como esposa a la hija de Faraón, y se empezó a meter con mujeres extranjeras que no tenían temor a Dios.

Se contamino con su inmoralidad, a él no le importo lo que ya Dios les había dicho a los hijos de Israel, que no se metieran con esas mujeres, porque eran astutas y sus corazones iban a ser inclinados a otros dioses, a los cuales ellas adoraban.

Desafortunadamente:

¡Qué mala influencia, la de la mujer en el hombre!

¡Mucho cuidado!

Tu atiende a tu llamado por qué; esto lo podemos ver en estos tiempos, la mayoría de matrimonios empiezan bien, muy cariñosos, amándose respetándose, cuidando uno del otro, pero después de algún tiempo se olvidan del pacto que han hecho con Dios, y se terminan desviando del camino, al que han sido llamados.

Y empieza el hombre a codiciar a otras mujeres, y viceversa también, teniendo en su hogar la que el eligió, o el que ella eligió, para serle fiel.

¿Entonces le has sido infiel a tu conyugue?

O

¿Le estas siendo infiel?

¿Estas siendo acosado por muchas tentaciones?

Recapacita y medita:

Este es el día de renunciar por completo, no le sigas el juego al enemigo de tu alma que quiere; que quedes preso y cautivo en relaciones que pueden destruir tu hogar.

No veas lo que está delante de tus ojos porque puede ser engañoso y te puede llevar aun a tu propia ruina.

Para continuar; tu cuida de tu esposa, y de tus hijos protégelos, trabaja para ellos, dales lo mejor y veras que tu vida será bendecida cada día, y serás prosperado.

¿Qué tentaciones te ha presentado el enemigo de tu alma?

Repréndelas en el nombre de Jesucristo, pero lo podrás hacer, solamente teniendo la autoridad de Dios en tu vida.

Acéptalo este día, hoy es el día de Salvación para ti.

Para empezar Salomón tuvo 700 mujeres y 300 concubinas y estas desviaron su corazón.

Mientras tanto:

Las emociones son traicioneras, cuando te olvidas del consejo de Dios, y escuchas al mundo.

No sigas jugando con lo que te dicta la mente y el corazón, porque engañan tu alma, si no estás con Cristo.

Aunque no te sientas capaz de ponerle limite a una relación sentimental que ha empezado como una diversión, pon un alto, porque todo lo puedes en Cristo que te fortalece.

¿Con que tentaciones estas batallando?

¿Es en tu mente?

¿Es en tu corazón?

¿Es en la carne?

HOY:

Sumérgete en el rio de Dios, y solo asi podrás vencer, lee el manual de la vida que es la Palabra de Dios, la Biblia.

Salomón escribió mucho de la sabiduría de Dios, pero en un área de su vida no la aplico y fue en sus emociones, porque no fue obediente al consejo.

Asi es que; hay que tomar en cuenta la sabiduría que viene de lo alto y:

A cuidar los ojos, de no ver a una mujer u hombre y codiciarlo

A cuidar los oídos, del chisme y los comentarios negativos

A cuidar los pies, hacia donde se dirigen

A cuidar los pensamientos que se desvían tras la vanidad

Y a cuidar todo nuestro territorio; mientras tanto:

Con Dios todo es posible.

Dios se enojó con Salomón, porque su corazón se apartó de este consejo tan importante; que no siguiese a dioses falsos, más el lamentablemente cedió a las tentaciones que se le presentaron y no tuvo la capacidad de decir: NO.

Dios le dio sabiduría, riquezas, honor y el hizo su propio reino y ahí estuvo el problema, ahí fue la falla, porque el reino real es El del Todopoderoso, del Padre celestial.

Asi mismo en su vida de abundancia, no siguió honrando a Dios y fue engañado, quiso tener cosas que le habían sido prohibidas, que no le eran licitas a su vida.

Que cosas prohibidas por Dios, para tu vida has tomado, que no te pertenecen, vive agradecido con Dios y disfruta lo que tienes obedeciendo a su voz, y atendiendo a su llamado.

Y como siempre hay consecuencias después del pecado, Dios le habla a Salomón y le dice:

"Y dijo Jehová a Salomón: Por cuanto ha habido esto en ti, y no has guardado mi pacto y mis estatutos que yo te mande, romperé de ti el reino, y lo entregare a tu siervo." 1. Reyes 11:11

Como puedes ver no vale la pena un momento de placer y perder lo más valioso que es la vida eterna con Dios.

No le sigas creyendo al enemigo que te invita a pecar, resiste al diablo y él tiene que huir de tu vida.

Quieres renunciar a esta clase de vida a la cual te has acostumbrado, quieres nuevos comienzos en tu vida y que puedas terminar bien los años que te quedan por vivir, o quieres que se te añadan más años; Dios lo ha prometido a todos los que escuchan su voz, estarán lejos de opresión, cantaran y llevaran su palabra por todo el mundo.

Debemos aprender en este llamado de Salomón, no solo basta empezar bien sino terminar bien; persevera hasta el final para ser salvo.

¿Quieres entregarle tu vida completa este día al Señor?

Haz esta oración:

Padre que estas en los cielos y en todo lugar, perdóname yo no quiero terminar mal en mi vida, renuncio y me arrepiento de haberte fallado a ti y a mi familia por ceder a las tentaciones de este mundo, acepto el sacrificio de tu Hijo Unigénito que enviaste a la tierra a que muriera por mí, lo recibo como mi único suficiente salvador de mi alma, escribe mi nombre en el libro de la vida, te lo pido ahora, en el nombre de Jesucristo amen, amen y amen.

La Vid

El hombre
Que abandona
A sus hijos,
Dios lo
Abandona a él.

Mary Escamilla
Dra.

Dios nos cubre
Con la Preciosa
Sangre de su Hijo En
la Cruz del Calvario,
porque
Tiene poder.

Mary Escamilla
Dra.

Dios nos
Declara
Inocentes
Por su
Gracia y
Amor.

Dra.

La Vid

El fundamento
De una familia,
Es Cristo.

Mary Escamilla
Dra. ♥

La Vid

La sangre
Derramada
Por Jesús en
La Cruz del
Calvario,
Me redimió.

Mary Escamilla
Dra.

La Vid

SEÑOR,

Tú me cuidas,

Tú me guardas,

Tú me perdonas,

Tú me salvas.

Mary Escamilla
Dra. 💗

Tú eres un
Guerrero del
SEÑOR,
Porque
Defiendes
La Sana
Doctrina.

Mary Escamilla
Dra. ❤️

La Vid

Mantén

Siempre

Un espíritu

De servicio.

Mary Escamilla
Dra. ♥

Dios destruye

Todo lo

Desagradable

A Él.

Mary Escamilla
Dra. ♥

La Vid

No seas
Materialista,
Mejor sé
Espiritual.

Mary Escamilla
Dra. 🖤

¡Clama
A Dios
Todo el
Tiempo!

Mary Escamilla
Dra.

La Vid

Jesús

Dividió a

Las Tinieblas

De la Luz.

Mary Escamilla
Dra. ♥

La Vid

¡Cuidado

Con los

Falsos

Profetas!

La Vid

La rebeldía
Y la infidelidad,
Pierden a la
Sociedad y
A las familias.

Mary Escamilla
Dra. 🖤

La Vid

Jesús es el
Verdadero
Fundamento,
Eternamente.

Mary Escamilla
Dra. ♥

Samuel

1a. Samuel 16:27

EL LLAMADO DE SAMUEL

Samuel, siendo un niño aproximadamente de cuatro o cinco años, fue llevado al tabernáculo de Jehová con Elí y los demás sacerdotes.

No podemos dejar de mencionar a su madre, Ana, en su llamado, ya que Samuel, su hijo, fue una respuesta contestada por Dios, ella fue al tabernáculo a orar por su infertilidad, derramó su alma ahí y Dios le respondió. Así que ella prometió dedicarlo y entregarlo a su servicio, siendo aún un niño.

¡Qué ejemplo de madre!... ¡Despojarse de lo que tanto amaba!

El niño empezó a ministrar con el sacerdote Elí desde su temprana edad, en esos días la Palabra escaseaba, no habían visiones tan frecuentemente.

Nos dice su Palabra en el libro de 1ª. Samuel 3:3, 4.

"Samuel estaba durmiendo en el templo de Jehová, donde estaba el arca de Dios; y antes que la lámpara de Dios fuese apagada,

Jehová llamó a Samuel; y él respondió: Heme aquí."

Este niño pensaba que era Elí, el sacerdote del templo, quien le hablaba, y le pregunta para qué lo había llamado, ya que sus ojos se empezaban a oscurecer por su edad y no podía ver.

Tres veces Dios le habló y Samuel pensó que era Elí, y va donde él y le dice:

"Heme aquí: ¿para qué me llamaste?" Entonces Elí entendió que Jehová llamaba al joven.

¿Cuántas veces Dios nos ha hablado y pensamos que es la voz de un hombre la que nos llama?

A veces nos habla en nuestro pensamiento, pero no estamos seguros y llegamos a desconocer su voz, dudando que sea Él.

También nos habla a través de su Palabra y a veces no la entendemos, pero para eso tenemos al Espíritu Santo, para que nos guíe a toda verdad.

Dios quiere traer cosas nuevas a tu vida, por eso en varios pasajes de la Biblia leemos:

"El que tiene oídos para escuchar que oiga."

Samuel llegó a ser un gran profeta de Dios, ungió a David, que después fue el Rey de Israel.

¡Qué maravilloso lo que Dios puede hacer en la vida de un niño que fue consagrado a Dios a su temprana edad!

¿Qué podemos aprender cómo padres?

I-DIOS TIENE UN PROPÓSITO ESPECIAL PARA NUESTROS HIJOS.

Es importante reconocer que antes que nuestros hijos fueran formados, ya Dios había determinado un propósito divino para ellos, que deben cumplir en esta tierra.

Eso lo sabían sus padres, Ana y Elcana.

¿Sabes tú el propósito de Dios en tus hijos?

¿O aún no lo sabes?

Si aún lo desconoces pídele en oración que te lo revele.

"Aconteció que al cumplirse el tiempo, después de haber concebido Ana, dio a luz un hijo, y le puso por nombre Samuel, diciendo: Por cuanto lo pedí a Jehová." 1ª. Samuel 1:20.

¿Cuántas veces Dios nos da lo que le hemos pedido?

¿Pero qué pasa después?

No somos agradecidos.

Hay un alto porcentaje de personas que les gusta recibir todas las bendiciones de Dios, pero no quieren después obedecer ni mucho menos ser agradecidos.

Muchos han recibido:

-Sanidad en su cuerpo.

-Paz en su alma.

-Finanzas, en momentos difíciles.

-Liberación de espíritus malos.

-Amor.

-Gozo y paz.

Y muchas cosas más.

Pero:

No apreciamos lo que Él nos ha dado.

No cuidamos lo que hemos recibido en oración.

Nos olvidamos de las promesas que le hemos hecho al Señor.

Éste es un buen día para que hagan una lista y empiecen a agradecerle por cada una de esas cosas que Él ha hecho a través de sus vidas; día a día nos envía el sol y sale para buenos y malos, el aire que respiramos, y todas las cosas para poder subsistir.

Agradece por el fruto de tu vientre, porque a veces han salido de nuestra boca quejas, lamentos y palabras ofensivas que dañan la vida de nuestros hijos y por lo tanto ofendemos a nuestro Dios.

Debemos saber que cada hijo es diferente, pero el Señor nos llama a imitar a Ana, la madre de Samuel, que lo dedicó completamente al Dios Todopoderoso.

"Yo, pues, lo dedico también a Jehová; todos los días que viva, será de Jehová. Y adoró allí a Jehová." 1ª. Samuel 1:28.

¿Has dedicado tus hijos a Dios?

Posiblemente tu respuesta es No.

Debemos instruir a nuestros hijos en la enseñanza divina, para no llorar en tiempos futuros, y si no lo hiciste cuando eran niños, aún es tiempo de empezar.

Recuerda, Dios oirá tu oración, como lo hizo con la madre de Samuel.

PORQUE:

A través de la oración podemos llevarlos a su presencia cada día y ponerlos en las manos de Dios.

Una madre sana en su interior, es una madre espiritual para sus hijos.

¿Tienes resentimientos en tu corazón?

¿Tienes amargura del pasado?

¿No has perdonado a quienes te han ofendido?

¡Hoy es el día de tu liberación, Madre o Padre!

Entrégaselos hoy a Dios y los verás amando su obra.

Llévalos a la casa de Dios, como lo hizo esta madre.

No menospreciemos el corazón de nuestros hijos cuando son niños, ellos tienen sentimientos y pensamientos.

Dejemos nosotros las palabras ásperas.

Amemos lo que Dios nos ha dado y entreguémoselos al Señor.

II-SU VIDA COMPLETA FUE DEDICADA A DIOS.

Samuel empezó su ministerio a su temprana edad.

1-Escuchaba las instrucciones de Elí, el sacerdote del Templo

"Y el joven Samuel ministraba en la presencia de Jehová, vestido de un efod de lino." 1ª. Samuel 2:18.

Escuchar es una virtud divina, a veces en nuestras pláticas sólo queremos hablar nosotros y no escuchamos a otras personas de las cuales podemos aprender mucho, pero, ante todo, debemos aprender a escuchar la voz de Dios.

¿Cómo escuchar a Dios?

¿Sí, y en dónde?

Tenemos la Biblia, la Palabra inspirada por Dios, para enseñarnos, este libro sagrado es como un espejo que nos hace ver cómo estamos y así cambiar nuestras malas actitudes.

Samuel aprendió a escuchar la voz de sus padres en su hogar y, cuando llegó al templo, le fue fácil escuchar de otras personas lo que debía hacer.

A veces en los trabajos o en la iglesia, nos cuesta escuchar las instrucciones debidas para hacer lo que se nos encomienda, queremos hacerlo a la manera que se nos da la gana, o como hemos sido enseñados. Pero no es así, por eso hay líderes, gerentes, supervisores, pastores, que han sido puestos para escucharlos y hacer el trabajo como se nos indique.

¡Aprendamos de esta gran virtud!

2-Samuel, ejemplo de obediencia.

Primero hay que escuchar y luego obedecer, no podemos obedecer lo que no sabemos o lo que no entendemos.

Dios nos prueba con lo poco y si somos hallados fieles, entonces Él puede confiar.

"Y el joven Samuel iba creciendo, y era acepto delante de Dios y delante de los hombres." 1ª. Samuel 2:26.

Podemos aprender sabiduría de Dios, a veces nosotros decimos; no me importa caerles mal a todas las personas, yo no soy monedita de oro para caerle bien a toda la gente, yo soy como soy, lo que me importa es que Dios me acepte.

Pero vemos aquí que Samuel era aceptado por Dios y por los hombres.

¿Quieres tú esa gracia en tu vida?

¿Quieres esa gracia para tu esposo o esposa?

¿Quieres esa gracia para tus hijos y para toda tu familia?

¡Busquemos su rostro y entreguémosle nuestra vida completa a Él!

3-Samuel ministraba ante Jehová.

"Y Elcana se volvió a su casa en Ramá; y el niño ministraba a Jehová delante del sacerdote Elí." 1ª. Samuel 2:11.

Elí, el sacerdote, tenía hijos y éstos eran hombres impíos que no tenían temor de Dios, de seguro que Samuel siendo un niño se enfrentó a las burlas de ellos, pero él siguió adelante.

¿Qué hacen los niños de hoy a temprana edad?

-Ven mucha televisión.

-Están siendo instruidos por las tabletas.

-Usan el internet.

-Saben mucho de juegos, no tan buenos.

-Miran mucha violencia.

Y nosotros, los padres, qué estamos haciendo para instruirlos en el temor de Dios?, si andamos corriendo de un lado para otro y dejamos que los medios de comunicación los formen.

¡Alerta!... ¡Alerta!

¿Qué podemos hacer como Iglesia?

-Preparar más programas especiales para niños.

-Que sean tomados más en cuenta y no ignorarlos.

-Hacer más libros y literatura que puedan ministrar a sus necesidades.

-Enseñarles que, a su temprana edad, aprendan a escuchar la voz de Dios.

Pero primero es en la casa donde ellos deben aprender a amar a Dios por sobre todas las cosas, y luego a respetar y obedecer.

4-Samuel recibe un llamado personal.

Este joven ya le había demostrado a Dios su obediencia y fidelidad en lo poco, ahora es el momento de ir a otro nivel.

Samuel escucha que alguien le llamaba por la noche cuando dormía, pero él no reconocía la voz de Dios, pensaba que era Elí el que le hablaba, pero no era así.

"Y dijo Elí a Samuel: Ve y acuéstate; y si te llamare, dirás: Habla, Jehová, porque tu siervo oye. Así se fue Samuel, y se acostó en su lugar." 1ª. Samuel 3:9.

Vemos que Samuel sigue obedeciendo a las instrucciones de Elí.

Pero después recibe un llamado directo y específico para su propia vida.

"Y vino Jehová y se paró, y llamó como las otras veces: ¡Samuel, Samuel! Entonces Samuel dijo: Habla, porque tu siervo oye." 1ª. Samuel 3:10.

Luego recibe una palabra directa para Elí y sus hijos, Samuel tenía temor decirle, pero Elí le dijo que no se la encubriera y le dio el mensaje que Dios le había dado, función de profeta le había sido dada a su temprana edad. Así iba creciendo y Jehová estaba con él.

Siguió sirviéndole al Señor, juzgó al pueblo de Israel y les exhortó a que quitaran los dioses ajenos.

Sabemos que Dios abomina la idolatría a dioses ajenos, el primero de los Diez Mandamientos dice: No tendrás dioses ajenos delante de mí.

Pero el pueblo, en ese tiempo, en vez de adorar al único Dios verdadero, buscaba otros dioses ofendiéndolo. Como vemos también en estos tiempos, que el pueblo ha sido engañado por doctrinas erróneas.

¿A cuántos dioses ajenos estás adorando?

Recuerda: Esto no le agrada a Dios.

¡Arrepiente hoy mismo!

Samuel también amonestó a Israel por haber pedido rey, ungió a Saúl para ser rey, lo reprendió por haber tomado decisiones equivocadas diciéndole que había actuado locamente.

Ungió también a David como rey, y el Espíritu de Dios descendió sobre él como señal que era el elegido por Dios.

¡Cuántos privilegios le fueron confiados a Samuel!

Aunque tuvo una infancia, que no era común para un niño normal, era un elegido de Dios desde que Él se los prometió a sus padres y les produjo alegría, pero ellos habían prometido entregarlo para el servicio sagrado y lo cumplieron, pero, mientras estuvo con sus padres, ellos lo instruyeron en el camino verdadero.

Hoy en día, muchos padres se preocupan más por suplirles las necesidades materiales a los hijos, pero no toman tiempo para las espirituales. Pero para los padres de Samuel lo más importante era lo espiritual y se gozaron al ver que su hijo llegó a ser un hombre dedicado a Dios.

¡Qué satisfacción más grande como padres!

¿Quieres imitarlos?

Empieza a inculcarles a tus hijos las cosas espirituales, instrúyelos en el camino del Señor y así evitarás llorar en el futuro.

Pero si ahora lloras porque no lo hiciste y tus hijos ya son mayores, te invito a que como Ana y Elcana, que lo dedicaron a Dios lo hagas tú también, pero primero tienes que entregar tu vida al Señor y reconocer que Él murió por ti en una Cruz y que allí venció el poder de la muerte, se llevó todas tus enfermedades y sufrió tus dolores.

Quieres aceptarlo como tú único y suficiente Salvador de tu alma, haz una oración y di:

Padre Celestial, me arrepiento por todos mis pecados, quiero recibir en mi corazón a Jesucristo, que me limpie de todos mis pecados y escriba mi nombre en el Libro de la Vida, te lo pido en el nombre de tu Hijo Amado. Amén, amén y amén.

La Vid

Señor, hoy

Te entrego

Mis cargas,

Porque quiero

Descansar

En ti.

Mary Escamilla

Dra. 🖤

La Vid

Dios es fiel
Y siempre
Cumple lo
Prometido.

Mary Escamilla
Dra.

La Vid

Con las amistades
Del mundo
Te contaminas,
Busca amistades
Espirituales.

Mary Escamilla
Dra. 🖤

La Vid

No abuses

De los dones

Espirituales.

¡Aquilátalos!

Mary Escamilla
Dra. ♥

La Vid

Guarda las

Ordenanzas

De Dios,

Los estatutos y

Mandamientos,

Para que seas

Bendecido.

Mary Escamilla
Dra. 💙

La Vid

Dios siempre
Hace justicia al
Humano.
Tú descansa
En Él.

Mary Escamilla
Dra. ♥

La Vid

Los 144 mil
son los sellados de todas
las tribus de Israel parte
del Remanente de Dios.

Mary Escamilla
Dra. 💙

La Vid

El único nombre
Todopoderoso,
Es el nombre de
Jesús de Nazaret.

Mary Escamilla
Dra. ❤

La Vid

Señor Jesús,
Te pido que
Traigas paz
A mi corazón.

Mary Escamilla
Dra. ❤

Dios tiene

En poco a

Los que no

Le honran.

La promesa
De Dios es;
Estar con Él
En el Paraíso.

Mary Escamilla
Dra. ❤️

La Vid

En los últimos
Tiempos, se
Abrirá el abismo
Y saldrán
Los demonios.

Mary Escamilla
Dra.

La Vid

El Imperio
Del Anticristo,
Será derribado
Por el Rey de reyes.

Mary Escamilla
Dra.

La Vid

Se me olvidó

Dar gracias

A Dios por un

Día más de vida,

Cuando muchos

La perdieron hoy.

Mary Escamilla

Dra.

La Vid

El poder del
Perdón es
Extraordinario.

Mary Escamilla
Dra. ♥

Sansón

Jueces 15:14

EL LLAMADO DE SANSÓN

Su padre fue Manoa, su madre, estéril, nunca había tenido hijos, y de repente, un día, recibe la mejor noticia de su vida:

"A esta mujer apareció el ángel de Jehová, y le dijo: He aquí que tú eres estéril, y nunca has tenido hijos; pero concebirás y darás a luz un hijo". Jueces 13:3.

Luego, el ángel le dio ciertas instrucciones a ella y también sobre el hijo que iba a tener; "y navaja no pasará sobre su cabeza, porque el niño será nazareo a Dios desde su nacimiento, y él comenzará a salvar a Israel de mano de los filisteos." Jueces 13:5.

Como podemos ver, fue llamado por Dios desde antes de su nacimiento.

Sansón, un hombre que tuvo una fuerza extraordinaria para pelear contra sus enemigos, pero a pesar de esa fuerza para despedazar animales feroces, hubo un área en sus emociones que no pudo superar en su vida y ésta fue la atracción por mujeres filisteas, que habían sido prohibidas por Dios y no eran convenientes para su vida.

Una de ellas, llamada Dalila, fue un instrumento usado por Satanás para destruirlo, ya que él se dejó llevar por la seducción de sus palabras y le contó dónde radicaba el poder de su fuerza, destruyendo así el llamado que le hacía Dios, todo por no controlar sus bajas pasiones.

Y al final de sus días Dios le restauró la fuerza y se vengó de sus enemigos, pero lamentablemente él murió junto a ellos; no fue fácil para él pagar las consecuencias de su pecado.

¡Dios es un Dios restaurador!

Aunque: Tenemos que pagar las consecuencias de nuestro propio pecado.

¿Qué podemos aprender de este hombre llamado por Dios?

Él disciplina al que ama, no caigamos en la tentación porque habrá consecuencias que pagar siempre, así está escrito.

Veamos:

I-CON LA FUERZA DE DIOS, HIZO COSAS EXTRAORDINARIAS.

Nos cuenta la Palabra de Dios, algunas de las cosas que sucedieron cuando el Espíritu de Dios caía sobre Sansón.

"Y el Espíritu de Jehová vino sobre Sansón, quien despedazó al león como quien despedaza un cabrito, sin tener nada en su mano; y no declaró ni a su padre ni a su madre lo que había hecho." Jueces 14:6.

¿No es esto maravilloso?

Nosotros tenemos la fuerza de su poder, con el Espíritu Santo a nuestro lado, toda fortaleza caerá.

¿Lo crees?

¿Qué cosas han venido a tu vida, que tienes que destruir con el poder glorioso de su Santo Espíritu?

Dios no ha cambiado, sigue siendo el mismo de ayer y por todos los siglos.

Este león venía a atacar a este hombre llamado por Dios.

¿Cuántos ataques han venido a tu vida?, posiblemente dirás; son innumerables.

¿Son ataques físicos, mentales, emocionales o espirituales?

Hoy ten fe, aliéntese tu corazón porque es el tiempo de ver grandes milagros en tu vida.

Ese poder glorioso va a descender del cielo sobre ti si ya lo aceptaste en tu corazón, y toda dolencia del cuerpo se tiene que ir porque la fuerza que opera en nosotros es grande.

Si no lo has recibido hoy lo puedes hacer, no tardes en venir a Él.

Con su Espíritu Santo haremos proezas.

¿Cómo? Si su Palabra lo dice; cuando Él ascendió a los cielos después que resucitó, Él lo prometió.

Si es en el área de los sentimientos, ¿dónde has sentido que has sido atacado(a)?

Créelo, que todo lo que ha estorbado en tu vida se irá; esos sentimientos de culpa serán destruidos y huirán de tu corazón. ¡El poder de su Espíritu es sobre todo poder de las tinieblas!

¡Bendito nuestro Padre Celestial, su Hijo y su Santo Espíritu!

Si tu lucha ha sido en tus pensamientos y es allí donde has recibido ataques, éste es el día para que renuncies a todo lo que ha querido destruirte.

Recuerda en qué debemos pensar:

Todo lo que es verdadero.

Todo lo puro.

Todo lo amable.

Todo lo que es de buen nombre, dice la Biblia que en esas cosas debemos pensar, no en iniquidades.

¡Ven a sus brazos de amor y todo cambiará!

No hay poder sobre la faz de la tierra que pueda destruir a los que han sido constituidos hijos de Dios, porque Él no nos ha dado un espíritu de cobardía sino de poder, amor y dominio propio, para ser luz donde quiera que tú estés, porque Él te ha llamado ahora.

¡Así que levántate ahora mismo de esa condición!

Del mismo modo el ministerio de Sansón siguió manifestándose grandemente. Luego vemos que mató a 30 filisteos.

"Y el Espíritu de Jehová vino sobre él, y descendió a Ascalón y mató a treinta hombres de ellos…" Jueces 14:19.

Ese poder que venía de parte de Dios para Sansón, iba haciéndose más visible. Después la Biblia, la Palabra de Dios, nos cuenta que derrotó a los filisteos, ya que éstos con engaños le dijeron que sólo lo iban a aprehender, mas no lo iban a matar, lo empezaron a atar con unas cuerdas y en ese momento nuevamente vemos el poder de Dios sobre él.

Es maravilloso cuando tenemos la cobertura de Dios en nuestra vida.

"Y hallando una quijada de asno fresca aún, extendió la mano y la tomó, y mató con ella a mil hombres." Jueces 15:15.

Dios verdaderamente cuida a sus hijos de todo engaño del enemigo. Cuando venimos a sus caminos tenemos una cobertura de protección sobre nosotros, porque, aunque vengan contra nosotros millares de millares, nuestro corazón debe estar confiado porque a nosotros no nos tocará ningún mal, porque dice en su Palabra: "Caerán a tu lado mil,

Y diez mil a tu diestra;

Mas a ti no llegará."

¡Extraordinaria promesa!

¿Quieres tener esa protección divina sobre tu vida?

Solamente recíbele en tu corazón y todo cambiará.

Sansón recibió muchos ataques contra su vida pero había sido escogido por Dios, aunque el enemigo siempre trataba de tenderle trampas en sus debilidades.

¿Qué debilidades tienes en tu vida?

Ten cuidado, porque el enemigo te tenderá trampas y si no te afirmas bien en sus caminos, caerás y serás destruido.

Recuerda siempre que, no es con tu fuerza que puedes vencer al enemigo, sino es con la del Espíritu de Dios.

Sansón había experimentado grandes milagros y seguía viendo su gloria. En una ocasión, en las puertas de la ciudad, le habían tendido una trampa de nuevo para matarlo.

"Mas Sansón durmió hasta la medianoche; y a la medianoche se levantó, y tomando las puertas de la ciudad con sus dos pilares y su cerrojo, se las echó al hombro, y se fue y las subió a la cumbre del monte que está delante de Hebrón." Jueces 16:3.

¡Impresionante lo que hizo este hombre llamado por Dios!

¡No ha habido otro como él!... ¡Qué fuerza la que le dio Dios!

Como puedes ver, el enemigo trabaja en la oscuridad de la noche, tienes que estar alerta.

Pero ahora Dios te quiere dar las fuerzas para que destruyas todos los poderes malignos que están asechando contra tu vida o la de tu familia.

Sansón había experimentado la gloria de su fuerza, en medio de los errores que cometió.

Si tú has sido llamado por Dios, es importante que aprendas de este hombre que no se puede jugar con el llamado de Dios.

Escucha la voz de Él dónde quiera que Él te llame, está atento a oír, porque Él no se complace con los insensatos.

Debemos aprender a:

II-NO CEDER A LA TENTACIÓN.

Sansón se inclinó por las mujeres de otros pueblos paganos, lo cual era prohibido por Dios ya que los incitaban a pecar.

Fue un error muy grande el que cometió Sansón, la Biblia nos dice que no tenemos que unirnos en yugo desigual con los impíos.

Guárdate para El Señor, pide siempre su Dirección, aprende a escudriñar su Palabra y sé sensato para saber tu llamado.

Sansón se había acostumbrado a ver la mano de Dios sobre su vida y que, con esa fuerza había sido capaz de salir de cualquier situación difícil, pero venía el día en que Dios le iba a recordar que no dependía de él su fuerza, sino del Todopoderoso.

¡Qué terrible situación!

Deja de confiar en tus propias fuerzas, porque si hasta hoy estás aquí ha sido por la mano poderosa de Dios sobre tu vida. Él te ha guardado siempre, porque tiene un propósito para ti.

Si has salido de muchas situaciones difíciles, no creas que ha sido por tu fuerza humana, intelectual o ministerial, ha sido por la gracia y la misericordia de Él.

Si tienes un área en tu vida que no le agrada al Señor detente, este día pídele perdón a Dios porque llega el momento en que Él tiene que intervenir y establecer el orden debido por ese amor que nos tiene.

Él te guarda, Él tiene planes para tu vida, Él cumple los propósitos y las peticiones de tu corazón.

Sansón no pudo arreglar y superar este gran problema y esto arruinó su vida y también su llamado porque no atendió ni escuchó la Instrucción Divina.

Es importante entregarle todo nuestro corazón al Señor, nuestras emociones pueden destruir tu vida, también destruir a toda una familia o a toda una congregación.

Velemos y oremos para no dejarnos llevar por nuestro propio corazón, porque recuerda que es engañoso, si no está rendido completamente a Dios puedes caer en la tentación.

Asimismo, después de experimentar la fuerza de Dios sobre su vida, Sansón se enamoró de nuevo, pero esta vez iba a ser diferente que las anteriores.

A ella vinieron unos hombres y le dijeron que engañara a su pareja, que era Sansón.

"Y vinieron a ella los príncipes de los filisteos, y le dijeron: Engáñale e infórmate en qué consiste su grande fuerza, y cómo lo podríamos vencer, para que lo atemos y lo dominemos; y cada uno de nosotros te dará mil cien ciclos de plata." Jueces 16:5.

¡Qué traición de su misma pareja!, fue engañado por su amada Dalila, y él creía que lo amaba de verdad.

Como vemos, el enemigo tratará de atacarnos de la manera que menos lo imaginemos, pero en el nombre Poderoso de Jesús ha sido descubierto y toda trampa contra tu vida se descubre. No habrá más engaño en tu vida porque ahora has atendido a tu llamado.

¡Ten cuidado de ti mismo!

A veces nuestro peor enemigo somos nosotros mismos y no lo sabemos, pensamos que son los demás contra nosotros.

¡Examínate ahora y pide la Dirección Divina!

Mira, Dalila fue el instrumento usado por el mismo enemigo para hacer caer a este gran hombre llamado por Dios; con sus declaraciones de amor lo empezó a trabajar, queriéndole sacar la información de dónde radicaba su fuerza, y él le creyó y vino su destrucción.

Tú debes tener prudencia, con el enemigo no se puede conversar ni darle información de nada.

Esta mujer era bien insistente, le preguntaba día a día, hasta que un día le dijo a Sansón:

"Y ella le dijo: ¿Cómo dices: Yo te amo, cuando tu corazón no está conmigo? Ya me has engañado tres veces, y no me has descubierto aún en qué consiste tu gran fuerza.

Y aconteció que, presionándole ella cada día con sus palabras en importunándole, su alma fue reducida a mortal angustia.

Le descubrió, pues, todo su corazón, y le dijo: Nunca a mi cabeza llegó navaja; porque soy nazareo de Dios desde el vientre de mi madre. Si fuere rapado, mi fuerza se apartará de mí, y me debilitaré y seré como todos los hombres." Jueces 16: 15-17.

¡Mira qué terrible!

Le descubrió la verdad a Dalila, quien lo traicionaría y lo entregaría a sus enemigos.

Nunca debes entregarle todo tu corazón a alguien, porque caerás en trampas que te pueden llevar a tu propia destrucción.

Esta mujer fue el instrumento que el enemigo usó para destruir la vida de un hombre llamado por Dios, el cual no fue sensato ni diligente.

¿Qué cosas están destruyendo tu llamado?

Entrégale todo tu corazón al Señor y Él te va a dirigir para hacer buenas decisiones en tu vida emocional.

Sansón pensó que de esta situación iba a ser librado como en las anteriores, pero no fue así y su vida terminó siendo muy dolorosa, pagó las consecuencias de su pecado después de haberle descubierto el secreto a Dalila, pues los filisteos le aprehendieron, le sacaron los ojos y se lo llevaron; también lo ataron con cadenas para que estuviera moliendo en la cárcel. Su trato ahí fue peor que el de un animal, estando ciego, lo mantenían trabajando sin tener misericordia de él.

Sin embargo, ¿hasta dónde el pecado puede humillar y destruir al ser humano? Por eso, recibe tú el consejo a través de la vida de este hombre que Dios llamó. Antes que todo pide dirección y medita en la Palabra antes de cualquier acción.

Dios es un Dios de restauración, a pesar que Sansón tuvo que pagar el precio de su pecado, Él estaba viendo su dolor. El cabello le empezó a crecer y un día llamaron a Sansón para que fuera a la cárcel y los divirtiera, para burlarse de él. Pero Sansón, a causa de su ceguera, le dijo al joven que lo iba guiando, que le acercase donde estaban las columnas sobre las que estaba fincada la casa. Ésta estaba llena de hombres y también había mujeres, todos eran de los principales de los filisteos y entonces sucedió algo inesperado.

"Entonces clamó Sansón a Jehová, y dijo: Señor Jehová, acuérdate ahora de mí, y fortaléceme, te ruego, solamente esta vez, oh Dios, para que de una vez tome venganza de los filisteos por mis dos ojos." Jueces 16:28.

Qué oración la que salió de este hombre para con Dios:

1-Acuérdate de mí.

2-Y fortaléceme.

3-Te ruego, solamente esta vez, oh Dios, para que de una vez tome venganza de los filisteos por mis dos ojos.

Dios escuchó su oración y luego Sansón tomó las dos columnas de en medio, sobre las que estaba cimentada la casa, vino de nuevo la fuerza del Espíritu de Jehová sobre él y, apoyándose fuertemente sobre esas dos columnas, las empujó hasta resquebrajarlas y la casa cayó donde juntamente él murió, pero, los que Sansón mató al morir, fueron más que los que había matado durante toda su vida.

Muchas cosas podemos aprender de este hombre llamado por Dios, lo primero es que de Él viene la fuerza y que debemos decir no a la tentación que venga a nuestra vida para no ser presa del enemigo. A pesar de todas sus debilidades, Dios lo honró al final de sus días y fue puesto en el libro de hebreos como un hombre de fe.

¡Qué bendición!, Dios le concedió al final de su vida la petición de su corazón y fue su vengador, porque Él es justo.

¿Deseas tú entregarle tu vida a Dios este día?

Repite esta oración:

Amado Padre Celestial, gracias por este día, he sido conmovido(a) con este hombre que Dios llamó y vengo a ti arrepentido por todos mis pecados, he aprendido una gran enseñanza de este hombre, ahora sé que la desobediencia me llevará al pecado. Por eso, hoy mismo te pido que salves mi alma de este mundo pecador, sé que tú enviaste a tu Unigénito Hijo a que muriera por mí, escribe mi nombre en el Libro de la Vida, te lo pido en el nombre de Jesús. Amén, amén y amén.

La Vid

La Soberbia

Y la

Rebelión

Están contra

Dios.

Mary Escamilla
Dra.

La Vid

Recibe hoy

De parte

De Dios,

El milagro

Que estás

Esperando,

Porque

Él es fiel

Y bueno.

Dra.

La Vid

Cuando
Exhortas
Al orgulloso,
Soberbio y
Contencioso,
Dios se enoja.

Mary Escamilla
Dra. ❤

La Vid

Recibe,

De parte

De Dios,

La Autoridad,

El Poder,

La Salvación,

El Perdón y

La Libertad.

Mary Escamilla
Dra. 💙

La Vid

Dios te da

Unción,

Cuidado,

Protección,

Conocimiento,

Sabiduría y

Bendición,

Cuando eres

Obediente

A su Palabra.

Mary Escamilla
Dra.

En todo lo
Que hago,
Pongo la
Mirada en
El Señor
Jesús.

Mary Escamilla
Dra. 🖤

La Vid

Diariamente
Recibo las
Bendiciones
Del Altísimo
Padre Celestial.

Mary Escamilla
Dra. ❤

La Vid

Espero la

Venida del

Rey con gozo,

Porque me

Voy con Él.

Mary Escamilla
Dra. ♥

La Vid

La Gracia de
Dios cubre
Multitud de
Pecados.

Mary Escamilla
Dra. ❤

Hoy es el
Mejor día
De mi vida
Porque lo
Creó Dios
Para mí.

La Vid

No te descuides

De la Gracia

De Dios,

Mantente firme.

Mary Escamilla
Dra. ♥

Yo hago
Únicamente
Lo que Dios
Me manda hacer:
Predicar su Palabra.

La Vid

El Imperio
Eterno
Es el de
Jesucristo.

Mary Escamilla
Dra.

Babilonia

Es la

Ciudad de

La Confusión.

Mary Escamilla
Dra. ♥

La Biblia,

Es una caja

Llena de

Tesoros

Preciosos.

Mary Escamilla
Dra. 🖤

Josué

Josué 1:9-11

EL LLAMADO DE JOSUÉ

Josué pertenecía a la tribu de Efraín, su nombre significa "Libertador", era hijo de Nun y, sobre todas las cosas, amaba a Dios.

Fue un hombre fiel y leal a Moisés, estuvo acompañándolo en el Monte Sinaí y obedeció en todo lo que se le encomendó.

Luego Jehová le habló y le dijo:

"Aconteció después de la muerte de Moisés siervo de Jehová, que Jehová habló a Josué hijo de Nun, servidor de Moisés, diciendo:

Mi siervo Moisés ha muerto; ahora, pues, levántate y pasa este Jordán, tú y todo este pueblo, a la tierra que yo les doy a los hijos de Israel." Josué 1:1, 2.

A los 83 años Josué fue llamado directamente por Dios para guiar al pueblo de Israel, después de haber sido fiel a Moisés por 40 años.

¿Qué podemos aprender de este llamado?

Imitar a los grandes siervos del Señor, que son un verdadero ejemplo a seguir.

¿Quisieras ser tú uno de ellos?

Si tu respuesta es, Sí.

¡Aprende en este día!

I-LA IMPORTANCIA DE TENER UNA COBERTURA ESPIRITUAL.

A muchos les es difícil someterse a las autoridades espirituales que Dios elige en sus vidas, porque al ser humano, por la condición de rebeldía, generalmente no le gusta que lo dirijan, ni mucho menos que le digan lo que tiene que hacer.

Pero la voluntad de Dios es que no vivamos de acuerdo a nuestra manera de pensar, no, como hijos de Dios necesitamos ser enseñados por otros ya que somos un cuerpo en Cristo Jesús y no podemos vivir vidas solitarias ni hacer las cosas a la manera que queramos. Recordemos que Cristo es la cabeza y la iglesia su cuerpo, y todos debemos formar ese cuerpo de Cristo.

Mira, el perfil de las personas que no quieren someterse a nadie, son aquellas que no aprendieron en su niñez a someterse a sus padres, no les obedecieron o vivieron vidas muy solitarias, quizá en las calles o con otros familiares donde carecieron del calor de un hogar y les faltó recibir amor.

Los daños emocionales han sido grandes, hay recuerdos dolorosos donde desde a la temprana edad les tocó tomar decisiones de adultos y, es debido a eso, que han creado una pared o fortaleza de no sometimiento a nadie ni a nada.

Pero ahora:

¡Es hora de someterse y vivir en obediencia! Dios siempre ha estado presente en la vida del ser humano, aunque el mundo no lo comprenda.

Posiblemente te preguntas:

¿Dónde estaba Dios cuando me pasó esto o aquello?

Si te rindes a Él completamente comprenderás el porqué de muchas cosas en tu vida y, lo que ahora es tristeza, Dios lo convertirá en gozo y alegría para llevarte a conocer de su gran Amor por ti.

Recuerda:

¡Vienen días de felicidad en tu vida!... ¡Espéralos!

¿Quieres ser un buen líder?

-En tu hogar.

-En tu trabajo.

-En tu iglesia.

-En tu vecindario.

Y en todo lugar.

Si tu respuesta es, Sí.

Debes saber que los verdaderos líderes son los que han llegado a ser excelentes seguidores o discípulos de otros.

Porque someternos en obediencia a nuestros líderes es una escuela donde Dios nos prueba, y si pasamos esa prueba seremos promovidos a otros niveles que nunca imaginamos. Debes recordar que todo lo que tú hagas en esta vida, hazlo con gozo y amor, que lo hacemos para Dios, que sea siempre lo mejor porque estás trabajando para el mejor Reino.

Hazte esta pregunta: ¿Para quién trabajo yo?

Muchos creemos que lo hacemos para una empresa o para una persona en particular, pero no es así, es para Dios. Las expresiones que se oyen son como éstas:

Yo hago lo que quiero y no lo que debo hacer.

Si no me pagan más, yo no lo hago.

Yo no me esmero, pero es para hacer ricos a otros.

Que salga como sea, al fin que no es mi negocio.

Y tantas y tantas frases que son vanas y no edificantes.

Hoy es el día que reconozcas que le has fallado a Dios, pero también a ti mismo.

Josué es un ejemplo, trabajó al lado de su cobertura que Dios le había dado por largo tiempo.

Moisés, su cobertura espiritual, recibía directo de Dios las instrucciones de lo que iba hacer, y ahí a su lado estaba Josué, obedeciéndole siempre.

Él no hacía lo que él quería, no tomaba decisiones personales, sino se sometía en obediencia, en otras palabras, no hacía su propia voluntad.

Sino que:

Aprendió a ser manso.

Aprendió a tener fe.

Aprendió a ser responsable y obediente.

Y muchas cosas más.

La misión de su líder fue sacar al pueblo de la esclavitud, al desierto, y guiarlos por su travesía, así como nosotros, discípulos del Señor, debemos hacerlo.

Y ahora Josué toma el llamado para introducirlos a la tierra que Dios les había prometido, de la cual fluía leche y miel.

¡Extraordinario, eso venía de parte del Altísimo!

Pero Josué antes estuvo en la escuela de la sujeción, donde fue probado y capacitado por Dios.

¿Quieres que Dios te promueva?

¿Estás cansado de sentirte fracasado?

Sé un hombre o una mujer temeroso(a) a Dios y a las autoridades que Dios ponga en tu vida y obedece sin cuestionar.

Dios le dio una gran fuerza física, porque a pesar de la edad que tenía cuando fue llamado ya era fuerte y estaba altamente capacitado, porque aprendió en la escuela Divina en la cual Dios lo puso para prepararlo en su ministerio, al cual fue llamado.

II-LA RECOMPENSA DE SER UN BUEN DISCÍPULO.

Josué no se sobrepasó sobre la autoridad de su líder.

Estuvo con Moisés en el Monte Sinaí. ¡Qué gran privilegio!

Pero:

Nunca quiso ser más que Moisés.

¡Qué corazón más humilde!

Y ese es uno de los problemas de algunos hoy en día, quieren tomar la posición del líder cuando tienen que someterse y no solamente tomarla sino aún más, quitársela, y causan muchas divisiones en todo lugar donde van.

Lo vemos a cada momento y en todo lugar.

La esposa quiere señorear en el hogar, no quiere obedecer y someterse a su esposo, ni mucho menos respetarlo, por eso no puede llegar la bendición, pues la Palabra de Dios nos dice que la mujer casada debe estar sujeta a su marido, lo cual en estos tiempos es difícil ver.

Asimismo, el esposo no quiere obedecer y someterse a su cabeza que es Jesucristo, perdiéndose los dos la bendición.

"Porque el marido es cabeza de la mujer, así como Cristo es cabeza de la Iglesia, la cual es su cuerpo, y él es su Salvador." Efesios 5:23.

Y sigue diciendo:

"Maridos, amad a vuestras mujeres, así como Cristo amó a la iglesia, y se entregó a sí mismo por ella,

para santificarla, habiéndola purificado en el lavamiento del agua por la palabra." Efesios: 5:25, 26.

Si obedecemos estos principios de la Palabra, caminaremos en unidad y armonía con todos los hermanos de la fe y tu testimonio será bueno para las demás personas.

Josué fue un servidor ejemplar, cuidó del primer tabernáculo de reunión.

"Y hablaba Jehová a Moisés cara a cara, como habla cualquiera a su compañero. Y él volvía al campamento; pero el joven Josué hijo de Nun, su servidor, nunca se apartaba de en medio del tabernáculo." Éxodo 33:11.

¿Cuál es tu comportamiento en la iglesia, donde Dios te ha puesto?

¿Te sometes a tus líderes?

¿Te gozas al trabajar para el Señor, o lo haces murmurando de otros?

Dios está viendo cómo haces tu trabajo para Él.

Cambia de actitud y medita si no es la correcta en la Casa de Dios, en tu hogar o en tu trabajo.

No te canses de hacer el bien, porque a su tiempo Él recompensará la obra que tú hagas para Él.

Espera, viene el tiempo de ser bendecido, soporta las pruebas que vengan a tu vida para que seas promovido por Dios, y no por los hombres.

Josué fue un militar que salió a pelear contra los amalecitas.

"E hizo Josué como le dijo Moisés…" Éxodo 17:10.

¡Qué gran hombre de Dios!

Hizo como se le dijo, sabía cumplir y ejecutar órdenes que venían de sus superiores.

Cuánta falta de hombres y mujeres de Dios en estos tiempos.

Dios anda buscando obreros que trabajen bien en su viña hoy.

¡DESPERTEMOS!

Iglesia de Cristo Jesús. ¡Levántate!

Josué formó parte también del grupo de espías que fueron enviados a reconocer la tierra de Canaán, junto con Caleb llevaron buenas noticias sobre la tierra, en cambio los demás dieron un reporte negativo de acuerdo a su propio corazón, porque no hubo obediencia ni sometimiento.

Dejemos de ver lo negativo en todo, dejemos que Dios limpie nuestro corazón de todo aquello que lo pudo haber contaminado en el transitar de la vida.

III-JOSUÉ FUE CONSAGRADO POR DIOS PARA SER EL SUCESOR DE MOISÉS.

Josué se puso en la brecha y dijo:

"Yo y mi casa serviremos a Jehová."

No dijo: Si mi esposa va, yo voy…

No dijo: Si mis hijos van, yo iré…

¡NO!

Él se puso de ejemplo primero, YO, y mi casa…

Tenía su hogar bien cimentado en la Palabra, demostrando que él era el Sacerdote de su hogar.

Josué había aprendido a confiar en Dios, en todas sus decisiones, y su obediencia lo llevó a otro nivel.

¿En quién confías tú?

En tu esposa.

En tu esposo.

En tus hijos.

En tu pastor.

En tu líder.

En tus amigos.

En tu propia voluntad.

En tu familia.

En tu trabajo.

En tu negocio.

En tus jefes.

En el mundo.

En tus riquezas.

En lo que posees.

Deja de confiar en todas las cosas que van a perecer en este mundo y pídele perdón a Dios ahora mismo, si no lo has hecho.

Es un gran honor sentir que Dios pueda confiar en nosotros, como lo hizo con Josué.

Josué conquistó Jericó y todos los alrededores.

¿Quieres ser un conquistador?

Aprende a ser como Josué, un hombre obediente y fiel.

¿Quieres ser llamado por Dios?

Aprende a vivir en cobertura espiritual.

Aprende a vivir en comunión con Él.

Obedece, trabaja junto a los Siervos que Dios te ponga y en todas las áreas de la vida.

Se fiel.

No causes división.

Y recuerda las palabras que debes escuchar cada día.

Las palabras que Dios le dijo a Josué, te las dice a ti hoy:

"Nunca se apartará de tu boca este libro de la ley, sino que de día y de noche meditarás en él, para que guardes y hagas conforme a todo lo que en él está escrito; porque entonces harás prosperar tu camino, y todo te saldrá bien." Josué 1:8.

Meditar en su bendita palabra, que hable tu boca de las riquezas de este libro sagrado y recuerda día y noche, así como no olvidamos comer diariamente, así nuestra alma necesita ser alimentada de su Palabra, pues es ahí donde Él te habla.

No digas: No tengo tiempo.

No digas: Es que no la entiendo.

No digas: Es un libro hecho por hombres.

No digas: Es que me da sueño leerla.

Es la Palabra de Dios, directa del cielo para salvarte, consolarte y guiarte, para que seas prosperado.

Esa es la clave de la victoria

Quizá has dicho:

Nunca me ha ido bien en la vida.

He sido un fracasado(a).

Nunca he hecho nada bien.

Ahora es el día que Dios te dice:

"Mira que te mando que te esfuerces y seas valiente; no temas ni desmayes, porque Jehová tu Dios estará contigo en dondequiera que vayas." Josué 1:9.

Estas mismas palabras fueron dichas a Josué.

¿Aceptas el llamado a servir a Dios, a tu familia, a tu iglesia y a tu ciudad?

Haz una oración de arrepentimiento si quieres cambiar el rumbo de tu vida, y di:

Vengo a ti postrándome en humildad, reconociendo que he pecado contra ti al no someterme primeramente a ti Padre Celestial. Hoy recibo a tu Hijo Jesucristo en mi corazón, sé que tú lo enviaste para que muriera por mí, pero sé que resucitó al tercer día y hoy está sentado a la diestra del Dios Padre, escribe mi nombre en el Libro de la Vida, te lo pido en el nombre de tu Unigénito Hijo. Amén, amén y amén.

La Vid

No te frustres,

No te desanimes,

Dios está contigo.

Mary Escamilla
Dra. ♥

La Vid

El verdadero
Amigo es Jesús,
Él está contigo
En la prisión,
En la soledad
O en la Enfermedad.

Mary Escamilla
Dra. ❤

La Vid

El verdadero

Amor

Permanece

Para siempre

Y es eterno.

Mary Escamilla
Dra. ❤️

La Vid

¿Andas caminando
En la luz o estás
En tinieblas
Aborreciendo a
Tu hermano?...
¡Cuidado!, que
No sean cegados
Tus ojos.

Mary Escamilla
Dra.

La Vid

No seas

Patético,

Si tu

Hermano cae

Dale la mano,

Anímalo y

Dale palabras

De aliento.

Mary Escamilla
Dra. 💙

La Vid

CRISTO,
Él es
Admirable.

Mary Escamilla
Dra.

La Vid

Cristo ya
Hizo el
Cumplimiento
De la Ley
Cien por ciento.
Ahora vivimos
Bajo la Gracia.

Mary Escamilla
Dra.

La victoria
Es del Señor
Jesucristo,
Él ya peleó
Por ti.

Mary Escamilla
Dra. 🖤

La Vid

Aparta a
Tu hijo de
La rebelión
Con la vara
De la
Disciplina.

Mary Escamilla
Dra. ♥

La Vid

Nací de
Nuevo,
Porque la
Simiente
Del Señor
Fue injertada
En mí.

Dra.

No seas

Víctima

Del Diablo,

Sé vencedor

En el Nombre

De Jesús.

Mary Escamilla
Dra. ❤

La Vid

Refrena tu
Lengua, para
Que no te vaya
Mal en la vida.

Mary Escamilla
Dra. ♥

La Vid

Dios
Siempre
Da lo
Mejor.

Mary Escamilla
Dra. ♥

La Vid

Jesús es mi
Alimento diario
Y pan de mi vida.

Mary Escamilla
Dra.

La Vid

Soy hijo de

Un Rey

Y soy

Linaje

Escogido.

Mary Escamilla

Dra. ♥

Zacarías

Lucas 1:5-7-13

EL LLAMADO DE ZACARÍAS

Su nombre significa, "Jehová Recuerda", fue uno de los profetas menores en el Antiguo Testamento, su llamamiento fue hecho desde su juventud, su padre fue Berequías.

"En el octavo mes del año segundo de Darío, vino palabra de Jehová al profeta Zacarías hijo de Berequías, hijo de Iddo, diciendo." Zacarías 1:1.

Recibió muchas revelaciones y tuvo varias visiones de parte de Dios que han sido impactantes, llevando un mensaje de exhortación, de apartarse del pecado y volverse a Dios.

También él predijo la llegada del rey, que vendría cabalgando sobre un asno.

"Alégrate mucho, hija de Sion; da voces de júbilo, hija de Jerusalén; he aquí tu rey vendrá a ti, justo y salvador, humilde, y cabalgando sobre un asno, sobre un pollino hijo de asna." Zacarías 9:9.

Como podemos ver, Dios usó a sus profetas para anunciar la llegada de su Unigénito Hijo Jesucristo a la tierra, y su propósito era y sigue siendo salvar a la humanidad del pecado, de la condenación eterna y darle una nueva vida en Cristo Jesús.

¡Esto es glorioso!

¡Alábale a Él por su gran Amor para contigo!

¡Regocíjate en este día!

¡Gózate de tu Salvador!

Porque tu luz ha llegado en medio de la oscuridad.

I-ZACARÍAS TUVO UNA DURA TAREA.

Pero atendió al llamado de Dios, se le conoce como un gran animador, él fortaleció al pueblo a la reconstrucción del templo ya que habían parado de hacerlo y viene él a decirles que se debía terminar lo empezado.

¿Te identificas?

¿Cuántas cosas has empezado y no las has terminado?

Pero ahora es el momento de Seguir Adelante.

Manos a la obra, no te detengas, aún hay tiempo de terminar lo empezado.

Recuerda que tenemos un guía que es el Espíritu Santo a través de la Palabra de Dios, que está para consolarte, para fortalecerte y para darte ánimo en estos momentos. Todo aquello que un día empezaste a hacerlo con mucho ánimo y no lo terminaste, lo puedes recomenzar hoy.

¿Qué oposiciones tuviste para no seguir adelante?

¿Fueron personas que te desanimaron?

¿Posiblemente vino el temor?

¿Te aconsejaron mal?

No importa lo que pasó ayer, tú sigue adelante que verás terminada tu obra.

¡Hay nuevos comienzos este día para ti!

Zacarías tuvo esta dura tarea de exhortar a que siguieran en la reconstrucción del templo.

¿Qué cosas tú tienes que cambiar para seguir reconstruyendo con los materiales divinos, y que esos escombros de generaciones sean quitados, para que te alumbre la luz de Jesucristo?

Ahora:

Cambia tus palabras para con los demás.

En vez de seguir diciendo: Yo no puedo, di: Todo lo puedo hacer con Cristo a mi lado.

En vez de hacer críticas destructivas, aconseja con sabiduría.

No sigas gritando, ponle sazón a tus palabras, habla con suavidad del alma, usa la sabiduría.

Deja de destruir la vida de los demás, construye con amor, habla palabras de aliento, conforta en vez de ignorar, abraza.

No sigas odiando al que te dañó, perdona y serás feliz, recuerda que el perdón te libera.

El egoísmo no te llevará por el buen camino, reflexiona.

Y así sucesivamente, sigue cambiando esos escombros de generaciones, pero sólo de una manera lo podrás hacer; reconociendo en tu corazón el sacrificio que Jesucristo hizo por ti en la Cruz del Calvario, no hay otra forma que esos escombros de tu vida pasada sean quitados y que puedas volver a edificar las ruinas antiguas.

Si todavía no lo has recibido en tu vida, éste es un buen momento que reflexiones y veas lo que te ha dejado la vida sin Dios.

Quizá ha sido enfermedad.

Quizá ha sido confusión.

Quizá ha sido amargura.

Quizá ha sido preocupación.

Quizá ha sido encarcelamiento.

Quizá ha sido odio.

Quizá ha sido desesperación.

Quizá melancolía.

No importa lo que te haya dejado esa vida, acércate porque

Dios quiere cambiar tu corazón y que esas cosas que no edifican tu vida sean quitadas, Él quiere derramar su amor y que salgan cosas buenas de tu corazón.

Zacarías anima a la reconstrucción, este hombre recibió muchos rechazos por dar palabras de exhortación al pueblo, les habló que no imitaran a sus antepasados.

Eso muchas veces no es edificante, recordar a nuestras generaciones pasadas, y algunos se gozan de ser como ellos aunque su conducta y su proceder no hayan sido agradables a Dios.

Hay expresiones que a veces hemos dicho y nos gusta que nos identifiquen como ellos.

Por Ejemplo:

Yo tengo un carácter fuerte, porque mi abuelo era así.

Soy igual que mi bisabuelo, me enojo fácil.

Me parezco a mi papá, porque él era bien mujeriego y macho.

Yo soy alcohólico porque mi mamá lo era, es lo que vi.

Yo no siento amor, porque a mí no me dieron amor.

Yo soy violento, porque mi padrastro lo era.

Yo soy adicto a las drogas, porque así era mi madre.

Rompe ahora cadenas generacionales en el nombre de Jesús.

Y hoy es el día de renunciar y de no imitar a nuestros antepasados en las cosas que ellos hicieron mal.

¿Quieres un cambio en tu vida?

Si tu respuesta es, Sí, lo lograrás si pones en primer lugar al Dios Todopoderoso.

II-ZACARÍAS FUE ASESINADO POR SUS PROPIOS COMPATRIOTAS.

El enemigo de nuestras almas siempre querrá atacar y destruir lo que se opone a sus planes, pero los hijos de Dios nunca verán muerte eterna porque siempre seremos pertenencia de Él y el día que Él nos lleve a su presencia seguiremos adorándole. Y aunque según ellos callaron su voz, fue todo lo contrario, sus palabras y su mensaje han quedado por generaciones y generaciones, su vida fue un testimonio que este hombre amó y fue fiel a quien lo había llamado. Y estos hombres fueron avergonzados por Dios, ya que Él lo recibió en su gloria eterna.

¡Qué privilegio para todo aquél que ha sido llamado por Dios y le ha obedecido!

¡No sigas desechando tu llamado!

¡Eres especial para Dios!

Porque tú eres la niña de sus ojos.

¡Qué privilegio!

Este sacerdote y profeta de Dios predijo la llegada de Jesucristo, que Él sería el Buen Pastor, y que sería traicionado.

"Y les dije: Si os parece bien, dadme mi salario; y si no, dejadlo. Y pesaron por mi salario treinta piezas de plata." Zacarías 11:12.

Su llamado trajo tanta bendición a ese pueblo pues sus profecías venían de la boca de Dios, él dio testimonio que en su corazón reinaba ese Glorioso Rey.

No se intimidó ante el temor de perder su vida, él sabía que había vivido para cumplir su llamado y que después él seguiría viviendo en la eternidad con Dios.

¿Estás tú listo para su venida?

Si aún no lo estás y dudas de ser salvo, ponte a cuentas con Él.

¿Estás cumpliendo el llamado que tienes?

¿Eres obediente a su Palabra?

Escudriña la Escritura, tiene comunión con Él todos los días.

Si todavía no has querido comprometerte con Él, ya no sigas rebelándote a su buena voluntad porque es agradable y perfecta para tu vida.

Zacarías habló palabras de exhortación muy fuertes, les habló a los falsos pastores a los cuales llamó inútiles.

"¡Ay del pastor inútil que abandona el ganado! Hiera la espada su brazo, y su ojo derecho; del todo se secará su brazo, y su ojo derecho será enteramente oscurecido." Zacarías 11:17.

Hablaba no por su propia cuenta, sino de parte del único Dios verdadero.

También él dijo que; Dios destruiría al final a sus enemigos.

"Y en aquel día yo procuraré destruir a todas las naciones que vinieren contra Jerusalem." Zacarías 12: 9.

¡Dios cuidará a los suyos siempre!

No era fácil también hablar de los ídolos y los falsos profetas, y él lo hizo con la Unción poderosa que venía desde arriba.

"Y en aquel día, dice Jehová de los ejércitos, quitaré de la tierra los nombres de las imágenes, y nunca más serán recordados; y también haré cortar de la tierra a los profetas y al espíritu de inmundicia.

Y acontecerá que cuando alguno profetizare aún, le dirán su padre y su madre que lo engendraron: No vivirás, porque has hablado mentira en el nombre de Jehová; y su padre y su madre que lo engendraron le traspasarán cuando profetizare." Zacarías 13:2, 3.

Deja de adorar otros dioses que han sido hechos por hombres, no los sigas honrando, a Dios no le agrada eso, búscale a Él, pídele perdón por todos estos años de ignorancia en la cual has vivido porque así te enseñaron. Pero ahora te invito a que leas las Sagradas Escrituras, ahí encontrarás la verdad y esa verdad te hará libre de la esclavitud del pecado de idolatría y otros más.

Ahora verás la luz y encontrarás el verdadero camino.

Empieza a desear un cambio en tu propia vida, las cosas que sabes que no están bien entrégaselas al Señor y Él te reconstruiría tu mente, tu corazón y reconfortará tu alma.

Todas las impurezas son limpiadas por la sangre del cordero.

¡Tendrás una experiencia gloriosa con Él!

Zacarías había cumplido con su llamado, ahora venía la prueba de fuego donde el enemigo de su alma quiso destruirlo y que su boca ya no siguiera hablando las grandezas de Dios.

Fue asesinado, una muerte muy dura, pero su Palabra nos habla que no tengamos temor a los que matan el cuerpo, porque el alma no la pueden destruir. Pero que sí temamos a aquél que puede destruir el alma y el cuerpo en el infierno ardiente.

Así que cuando estamos con Cristo no le temeremos a la muerte, porque sabemos que Jesucristo cuando ascendió a los cielos, dijo que Él se iba a preparar morada para nosotros.

¿Estás listo para su encuentro después de la muerte?

La Palabra de Dios nos dice: que si vivimos para Él vivimos y si morimos para Él morimos. Así que no hay temor, doquiera que estemos ya sea en este cuerpo o en un cuerpo glorificado somos de Él.

Pero:

Si aún no te sientes preparado, te invito a que este día puedas obtener la salvación de tu alma a través de Jesucristo.

Haz esta oración, arrepiéntete de tus pecados y Él escribirá tu nombre en el Libro de la Vida.

Repite esta oración:

Padre Celestial, reconozco en este día que he pecado contra ti y no soy digno de llegar a tu presencia, he ignorado el gran amor que tú has tenido para conmigo, pero hoy me arrepiento y recibo en mi corazón a Jesucristo, sé que tú lo enviaste a este mundo para que muriera por mis pecados, sé que Él después de morir resucitó al tercer día y que hoy está sentado a la diestra del Dios Padre intercediendo por mí, te pido esto en ese nombre que es sobre todo nombre, Jesucristo. Amén, amén y amén.

La Vid

Me rendí

A sus pies

Y le entregué

Mi vida para

Que se hiciera

Su voluntad,

Siempre de

Acuerdo a sus

Propósitos.

Mary Escamilla

Dra.

La Vid

El dominio
Propio es
Disciplina
En la carne
Y crecimiento
Espiritual.

Mary Escamilla
Dra. ♥

La Vid

La Palabra

De Dios

Discierne

En mi mente

Todos los días.

Mary Escamilla

Dra.

La Vid

Pasa tiempo
En lo secreto
Con Dios y
Oye su voz.

Mary Escamilla
Dra. ♥

137

La Vid

La mujer

Sabia y

Entendida,

Sirve y ama

La disciplina

Y sabe cuál

Es el valor

Del amor.

Mary Escamilla
Dra. ♥

La Vid

Señor,

Te doy

Las gracias

Por darme

Un día más

De vida y

Salud.

Mary Escamilla
Dra. 🖤

La Vid

El Señor

Jesucristo

Te desconoce,

Cuando tú

Conoces su

Palabra

Pero la

Ignoras.

Mary Escamilla
Dra. ♥

La Vid

En la

Prisión

Reconocí

El valor

De la

Libertad.

Mary Escamilla
Dra. ❤

La Vid

No te
Jactes en
Tu propia
Sabiduría,
Asegúrate del
Conocimiento
De lo Alto.

Mary Escamilla
Dra. ❤

La Vid

Agradezco cada
Momento a Dios
Todopoderoso,
Su gracia y sus
Promesas en
Mi vida.

Mary Escamilla
Dra.

La Vid

El ángel de

Jehová

Acampa en

Mi hogar.

Puedes perder

Todo lo material,

Pero nunca el

Amor de Dios.

Mary Escamilla

Dra. ♥

La Vid

Gracias Dios
Por tu amor,
Cuidado y
Perdón.

Mary Escamilla
Dra. ♥

Mi vida es
Sobrenatural
Porque Dios
Me guarda.

Mary Escamilla
Dra. ♥

Yo me gozo

En la presencia

Del Señor Jesús.

EPÍLOGO

Amados lectores y hermanos en la fe, espero que cada una de las historias bíblicas de Los Hombres que Dios Llamó a servirle ministre su vida y que les inspire a continuar en el camino de Cristo Jesús, porque ustedes, así como yo, somos llamados por Dios para que le sirvamos con integridad y obediencia a su Palabra.

Del mismo modo, les invito a que sigamos predicando el Evangelio de Jesucristo, al cual hemos sido llamados y escogidos desde antes de la fundación del mundo y es un privilegio servir al Señor siempre y dar gracias por el regalo no merecido, la Salvación de tu Alma.

Y si no has recibido a Jesús como tu Salvador personal, te invito a que hagas una oración en este momento y digas: Amado Padre Celestial, gracias por mandar a tu Unigénito Hijo a morir por mí en la Cruz del Calvario para el perdón de mis pecados. Desde ahora te acepto como mi Señor y único Salvador. Escribe mi nombre en el Libro de la Vida. Todo esto te lo pido en el precioso nombre de tu Hijo Jesús. Amén.

Reverenda, Doctora Mary Escamilla.

Printed in the United States
By Bookmasters